TANIA KONNERTH
Kleine Oasen der Ruhe genießen

Tania Konnerth lebt in der Ostheide und ist Autorin einer Vielzahl von inspirativen Büchern, Artikeln und Selbstlernkursen. Im Verlag Herder sind u. a. erschienen: Montag ist erst übermorgen. Wohlfühltipps fürs Wochenende; Aus der Schatzkiste des Lebens. Geschichten, die ein Lächeln schenken; Sonnenschein an jedem Tag. 365 gute Gedanken; Kleine Wunder warten überall. Lebensfreude für den Alltag. Mehr Infos über Tania Konnerth finden Sie im Internet unter www.taniakonnerth.de.

TANIA KONNERTH
Kleine Oasen der Ruhe genießen

Atempausen für den Alltag

HERDER

FREIBURG · BASEL · WIEN

Inhalt

Vorwort	7
Jederzeit – Ruheinseln im Alltag	9
Ohne großen Aufwand – kleine Ideen für mehr Ruhe und Kraft	21
An- und Entspannen – Ruhepausen für den Körper	31
Gelassen werden – Einstellungen, die Kraft schenken	45
Erholung ist aus Zeit gemacht – nein sagen zum Stress	57
Die Stille ruft – Seelenfrieden in der Ruhe finden	71
Wo sie besonders nötig sind – Oasen am Arbeitsplatz	83
In Gedanken reisen – mentale Ruheinseln	93

Draußen – Ruhe finden in der Natur	107
Gemeinsam statt einsam – Oasen zu zweit, für die Familie und mit anderen	121
Verabredung mit mir selbst – Zeiten der Ruhe ganz für mich allein	135
Lob des Nichtstuns – einfach mal nur sein	147
Glücksoasen – mit Lebensfreude zu innerem Frieden finden	159
Ruheoasen aufsuchen – Orte, die einfach guttun	171
Zum Weiterlesen	189

Vorwort

Oasen in der Wüste sind nicht nur Wunder der Natur, sondern auch eine lebensrettende Zuflucht für Mensch und Tier. Nach vielen Kilometern Sand und Trockenheit erreicht der Reisende einen fruchtbaren Ort, der Wasser und Schatten spendet: Zeit, sich auszuruhen, sich zu laben und sich zu erholen.

Im übertragenen Sinne braucht jeder von uns solche Oasen auch im Alltag.

Oasen sind Orte oder Momente, in denen wir zur Ruhe kommen,
auftanken können,
neue Kraft finden
und belebende Energie.

Oasen in unserem Leben sind also nicht nur
Orte für die körperliche Ruhe und solche,
die uns ein Stück inneren Frieden schenken,
sondern sie bestehen auch aus den vielen kleinen Momenten, aus denen wir neue Energie
und Lebenslust schöpfen können.

In diesem Buch habe ich eine Vielzahl
solcher Oasen für Sie zusammengestellt:
Ideen, Anregungen und Inspirationen für die
verschiedensten Gelegenheiten, um für einen
Augenblick zu sich selbst zu kommen.

Tania Konnerth

Jederzeit –
Ruheinseln im Alltag

Unser Alltag besteht für viele vor allem aus Hektik und Stress. So viele Aufgaben müssen erledigt werden, so viel will geschafft und geleistet sein. Zeit für Ruhepausen? Weit gefehlt.

Wer allerdings sein Erholungsbedürfnis allein auf die Wochenenden und in den Urlaub verschiebt, läuft Gefahr auszubrennen.

Dabei gibt es so viele Möglichkeiten, im Alltag kleine Energieressourcen zu erschließen.

Ein persisches Sprichwort sagt:

„Ein Augenblick der Seelenruhe ist besser als alles, was du sonst erstreben magst."

Einen solchen Moment können wir erfahren, indem wir mitten im Trubel des Alltags immer mal wieder die Augen schließen und ganz bewusst einen tiefen Atemzug nehmen. Mit dem Einatmen eine große Portion Kraft schöpfen und mit dem Ausatmen alle Anspannung abfließen lassen.

„Gönne dir einen Augenblick der Ruhe und du begreifst, wie närrisch du herumgehastet bist."

Tschen Tschin

Fensterblick

Eine der einfachsten Möglichkeiten, bewusst für einen Moment abzuschalten, ist etwas, was viele von uns sowieso häufig tun – allerdings oft, ohne es zu merken: einen Blick aus dem Fenster werfen. In die Bäume oder in den Himmel schauen, auf die Straße oder in den Garten. Eine kurze Pause, in der Geist, Seele und Körper verschnaufen können, um dann wieder zu dem zurückzukehren, womit man sich gerade beschäftigt.

Hin und wieder kann man dabei das Fenster ruhig auch mal öffnen und sich für einen Moment den Kopf freipusten lassen.

Am Morgen und am Abend

Morgens etwas früher aufstehen, um den Tag in Ruhe und Frieden zu beginnen, und sich am Abend die Zeit nehmen, das Erlebte ganz bewusst ausklingen zu lassen.

Auf diese Weise wird unser Alltag von zwei Ruheoasen eingerahmt, in denen wir uns sammeln und stärken können.

„Muße hat man nur dann, wenn man sie sich nimmt."

Peter Bamm

In Ruhe genießen

Wir leben in einer Zeit unendlicher Genussmöglichkeiten. So vieles wird uns geboten, mit dem wir uns verwöhnen, unterhalten, ablenken und beschäftigen können. Aber nur wer sich wirklich die Zeit und die Ruhe dafür nimmt, wird das Erlebte auch genießen können.

Genuss beginnt also damit, innezuhalten, um wahrzunehmen.

„Das Leben ist kurz, weniger wegen der kurzen Zeit, die es dauert, sondern weil uns von dieser kurzen Zeit fast keine bleibt, es zu genießen."

Jean-Jacques Rousseau

Glücksmomente

Im Alltag versäumen wir es oft, hin und wieder auch mal ganz bewusst glücklich zu sein. Da gibt es immer viel zu tun und es bleibt wenig Zeit, einmal innezuhalten und einfach zufrieden zu sein. Dabei gibt es dafür so viele Gründe!

Gönnen Sie sich pro Tag eine kleine Glücksminute, in der Sie sich über irgendetwas freuen: z.B. über die Sonne, die vom Himmel lacht, über Ihr Kind, das auf dem Rasen spielt, über die schnurrende Katze oder einfach über diesen Tag.

„Die Seele nährt sich von dem, an dem sie sich freut."

Augustinus von Hippo

Worte der Ruhe

Worte als Ruheoasen nutzen:

- Ruhe
- Gelassenheit
- Stille
- Entspannung
- Loslassen

Sich diese Worte mehrfach innerlich sagen
und sie tief in sich nachklingen lassen –
so lange, bis man sie fühlt.

Der Unersättlichkeit und dem „Immer höher, schneller, weiter" unserer Gesellschaft ein ganz einfaches Wort entgegensetzen:

„Genug!"

Spüren Sie einmal, wie viel Erleichterung das bringt.

Und noch ein echtes Wortgeschenk:

Das kleine Wörtchen „noch". Statt „Ich kann das nicht": „Ich kann das *noch* nicht", und nachspüren, wie viel Kraft dieser Gedanke schenkt.

Sich selbst wie einen Freund behandeln

Gut zu sich selbst sein,
sich selbst Mut zusprechen,
sich auch mal selbst in Frieden lassen,
sich mit etwas Schönem belohnen,
sich sagen, dass man okay ist,
auf sich hören, wenn man erschöpft ist,
und sich eine Pause gönnen
und auch mal richtig stolz und zufrieden
mit sich selbst sein.

Nicht gegen sich selbst arbeiten, sondern mit sich – das entspannt, tut gut und macht vieles leichter.

Über kleine Ärgernisse lachen lernen

Sich über alles zu ärgern, was uns einen Anlass bietet, bringt uns ständig aus unserem inneren Gleichgewicht.

Stattdessen öfter mal nachsichtig sein und den kleinen Widrigkeiten mit einem Lächeln begegnen, eröffnet hingegen eine innere Ruheoase – und das, wann immer wir wollen.

Technikfreie Zone

Dafür sorgen, dass in mindestens ein Zimmer der Wohnung kein Handy hineinkommt, kein Computer, kein Fernseher und kein Radio. Und auch keine Uhr.

Ein Ort ohne Störungen, Funkstrahlung und Zeitdruck.

Kraftquelle Vergangenheit

Sich immer mal wieder ganz bewusst an all das erinnern, was man schon geleistet und bewältigt hat: Erfolge, Erreichtes, Überstandenes.

Innere Ruhe und Kraft entstehen aus dem guten Gefühl, dass man viel mehr kann, als man oft glaubt …

„Die Ressourcen, die du brauchst, findest du in deiner eigenen Geschichte."

Milton Erickson

Ohne großen Aufwand – kleine Ideen für mehr Ruhe und Kraft

Es gibt eine Menge Möglichkeiten, sich ohne viel Aufwand einen Moment der Entspannung zu gönnen. Einfache Übungen oder Handgriffe, kleine Ideen oder Gedanken können für Ruhemomente sorgen und zu Erholungsinseln in unserem Alltag werden.

Auch wenn man sich nicht in Minutenschnelle rundum erholt: Zeit zum Atemholen und eine Portion frische Energie schenken solche kurzen Pausen allemal.

Stoppschild

Ob zu Hause oder bei der Arbeit: Ein kleines, nett gemachtes Schild mit der Aufschrift

„Bitte nicht stören"

kann Wunder wirken.

Hinter solch einem Schild darf sich jeder mal für ein Weilchen verstecken.

Sinnliche Rituale

Den Kaffee selbst mahlen und erst ganz bewusst den Duft wahrnehmen, bevor man ihn brüht.

Die Hände mit einer duftenden Naturseife nicht nur waschen, sondern streicheln, sanft und liebevoll.

Zwei frische Orangen auspressen und sowohl den Geruch als auch den frischen Geschmack intensiv auskosten.

Voller Achtsamkeit eine Tasse Tee zubereiten und beim Trinken die Wärme bis ganz nach innen fließen lassen.

Etwas bewusst wahrzunehmen schafft einen Moment der inneren Stille.

Schreibend zur Ruhe kommen

Öfter mal einen Termin mit sich selbst in den Kalender eintragen: sich dann einen schönen Platz im Haus, im Garten oder auch in einem Café suchen und seine Sorgen, Gedanken und Träume aufschreiben. Genau so, wie sie aus der Feder kommen, ohne sie zu korrigieren oder zu zensieren.

Denn das, was man auf diese Weise aufschreibt, ist ganz allein für einen selbst bestimmt.

Entspannungsmusik

Gehen Sie einmal Ihre Musiksammlung
durch und wählen Sie ein Stück daraus aus,
das ab sofort Ihr Entspannungsstück wird.

Es sollte eines sein, das Sie in eine ruhige und
weiche Stimmung versetzt.

Hören Sie diese Musik nun immer dann,
wenn Sie sich einen Moment aus allem
Geschehen herausnehmen möchten.
Mit der Zeit wird es ausreichen, allein
die ersten Töne zu hören, damit Sie sich
entspannen.

In Bildern schwelgen

Bildbände – ob nun mit Landschaften, Naturmotiven oder Reiseaufnahmen – schenken uns wundervolle Möglichkeiten für kleine Auszeiten.

Die Seiten ganz langsam und achtsam umblättern und die Bilder auf sich wirken lassen, dabei tief durchatmen und ganz in das eintauchen, was man dort sieht.

Farboasen

Farbtupfer bringen Freude ins Leben und sorgen für kleine Energiespritzen zwischendurch:

– Buntes Obst in einer Schale.
– Ein Strauß frischer Blumen.
– Ein neuer Vorhang oder bunte Kissenhüllen.
– Ausgewählte Fotos an der Wand.
– Selbstgemalte Bilder.

So kann man immer wieder einige Augenblicke lang in Farben schwelgen und sie auf sich wirken lassen.

Mit dem Klang reisen

Klangschalen, wie sie auch zur Meditation genutzt werden, können uns auf wunderbare Weise in die Entspannung tragen:

Einfach anschlagen, die Augen schließen und dann innerlich dem Ton folgen, bis er ganz verklungen ist.

Oder den Klang erspüren: Die Schale auf den Bauch stellen, anschlagen und den Ton fühlen.

Kraftfotosammlung

Schauen Sie einmal Ihre Fotosammlung durch und suchen Sie sich die schönsten Bilder aus: Aufnahmen aus glücklichen Zeiten, von Orten, an denen Sie sich besonders wohlgefühlt haben, von Menschen und Tieren, die Sie lieben. Jedes Foto sollte ein Lächeln auf Ihr Gesicht zaubern und ein wohliges Gefühl in Ihrem Bauch auslösen.

Wenn Sie diese Bilder nun zusammen in ein kleines Album kleben, können Sie, wann immer Sie wollen, in Ihr ganz persönliches Glück eintauchen.

Pflanzenlust

In eine Gärtnerei fahren und sich ganz nach momentaner Stimmungslage ein oder zwei Pflanzen aussuchen.

Vielleicht ein duftender Lavendel oder ein Jasmin?
Vielleicht eine farbenprächtige Orchidee?
Oder ein üppiger Zimmerfarn?

Pflanzen laden uns auf unaufdringliche Art ein, sie anzuschauen oder an ihnen zu riechen und so für einen Moment zur Ruhe zu kommen.

An- und Entspannen – Ruhepausen für den Körper

Verspannungen erleben wir vor allem körperlich und Dauerstress wirkt sich negativ nicht nur auf unser körperliches Befinden, sondern oft auch auf unsere Gesundheit aus.

Deshalb ist es wichtig, zwischendurch die Chance zu nutzen, um vielfältige Entspannungsoasen für unseren Körper aufzusuchen. Und hier ist schon mit kleinen Übungen oft viel zu erreichen.

Sich im eigenen Körper zu Hause fühlen

Stellen Sie sich einmal den eigenen Körper wie das Zuhause für Ihr Sein vor – idealerweise eine wohlige Herberge.

„Sei freundlich zu deinem Leib, damit deine Seele Lust hat, darin zu wohnen."

Teresa von Ávila

Wie würde wohl Ihre Seele am liebsten wohnen?

Körperoasen entdecken

Machen Sie es sich bequem, schließen
Sie die Augen. Atmen Sie ruhig und gehen Sie
mit wacher Aufmerksamkeit durch Ihren
Körper:

Wo fühlt er sich besonders gut an?
Welche Bereiche sind locker und entspannt?
Wo sitzt wenigstens ein Zipfel Wohlgefühl?

Stellen Sie sich dann vor, wie das gute Gefühl
ausstrahlt. Erst nur in kleinen Kreisen, die
dann immer größer werden und schließlich
als weiche Wellen den gesamten Körper
durchströmen.

Immer wieder Balance finden

Sich den Körper wie eine Wippe vorstellen:

Auf der einen Seite steht die Anspannung, die es kostet, wenn wir Leistung bringen müssen. Und auf der anderen Seite liegt die wohlige Entspannung des Loslassens.
Es gilt, zwischen beiden Polen eine Balance zu finden, dann macht das Spiel Spaß.

„Anspannen und Entspannen ist wie der wohltuende Wechsel von Ebbe und Flut."

Edmund Jacobson

An- und Entspannungsübung

Die meisten tun sich mit der Entspannung schwerer als mit der Anspannung. Da hilft es, alle Muskeln zunächst kräftig anzuspannen, die Spannung einen Moment zu halten und sie dann mit einem wohligen Ausatmen loszulassen.

Die Übung lässt sich mit einzelnen Körperteilen ebenso wirkungsvoll durchführen wie mit allen Muskeln zusammen.

Genießen Sie dann das Wohlgefühl der Entspannung.

Durch Bewegung zur Ruhe

Manchmal braucht unser Körper erst eine ordentliche Portion Bewegung, bevor die Muskeln tatsächlich loslassen und entspannen können.

Spüren Sie einmal in sich hinein und folgen Sie dann Ihren Impulsen: Vielleicht will Ihr Körper tanzen? Vielleicht will er rennen? Oder hüpfen?

„In der Bewegung erfahren wir den Drang zu leben."

J. G. Bennett

Kurzschlaf als Energiespritze

Sich für wenige Minuten mit geschlossenen Augen aufs Sofa zu legen und für einen Moment einzunicken – das ist eine sehr gute Möglichkeit, zwischendurch Energie zu tanken.

Wichtig ist, nicht wirklich tief einzuschlafen und vor allem nicht zu lange zu dösen, dann wirkt der Kurzschlaf wundervoll belebend.

Dauerschlaf für ganz Erschöpfte

Wer allerdings richtig viel Energie braucht, sollte seinem Körper einmal gönnen, so lange schlafen zu können, wie er will.

Also früh ins Bett gehen und schlafen, bis man von allein aufwacht.

Zunächst wird man dadurch zwar noch müder, aber nach drei Tagen sind die Energietanks wieder aufgefüllt.

Energie schöpfen

Stellen Sie sich mit leicht gegrätschten Beinen aufrecht und bequem hin, schließen Sie die Augen und atmen Sie ruhig und langsam tief in den Bauch. Mit jedem Einatmen führen Sie Ihre Arme in einem weiten Kreis von der Seite nach vorn, mit dem Ausatmen führen Sie die Hände von dort zu Ihrem Bauch.

Stellen Sie sich vor, Sie würden die Energie mit unsichtbaren Netzen einfangen und zu sich holen.

„Wenn Ihre Energie eine Stimme hat, dann ist das der Atem."

Rhea Leman

Im Qi baden

Qi – das ist das chinesische Wort für Lebensenergie und nach chinesischer Überzeugung die Basis von allem.
Diese Energie ist überall – um uns herum und auch in uns. Entscheidend ist der ungehemmte Fluss dieser Lebensenergie.

Sehen Sie das Qi wie die Luft um sich herum, finden Sie Ihre innere Mitte und lassen Sie es fließen.

„Wecke dein Qi und du wirst geschmeidig wie ein Kind, gesund wie ein Holzfäller und gelassen wie Wasser sein."

Chinesische Weisheit

Essen mit Ruhe und Genuss

Nicht in Eile, sondern mit viel Zeit bewusst auswählen, was man zu sich nehmen will.

Den Körper fragen, was er heute braucht, und das Gericht dann mit wachen Sinnen zu sich nehmen: sehen, riechen, schmecken.

Hin und wieder auch mal die Augen schließen und sich ganz dem Geschmack hingeben. So wird nicht nur der Körper genährt.

Einfach mal abtauchen

Ein Vollbad ist Erholung pur und der richtige
Badezusatz sorgt für zusätzliche Entspannung:

Melisse bei überreizten Nerven,
Zitrone gegen den Stress,
Rosmarin bei Anspannung,
Bergamotte bei trüber Stimmung,
Sandelholz gegen innere Unruhe,
Eukalyptus für einen neuen Energieschub
und Lavendel bei Fernweh …

Körperfreuden

Entspannen, Energien wecken, Kraft schöpfen und den Körper immer wieder neu entdecken:

– durch die sanften Übungen des Yoga,
– durch wohltuende Massagen,
– durch lustvolles Räkeln,
– durch behutsames Dehnen,
– durch meditatives Gehen,
– durch kraftvolles Atmen.

Fußmassage

Am Ende eines anstrengenden Tages die Entspannung mit einer Fußmassage einleiten: erst ein heißes Fußbad einlassen und dann die Füße mit einem wohlriechenden Öl sanft massieren.

Noch schöner: die Füße massiert bekommen.

Am Ende warten dicke Socken – vielleicht sogar vorgewärmt – darauf, die Füße wohlig zu umschließen.

Gelassen werden – Einstellungen, die Kraft schenken

Die Fähigkeit, sich zu entspannen und zur Ruhe zu kommen, hängt nicht nur von äußeren Umständen ab. So können wir z.B. auch am schönsten Traumstrand der Welt unseren Alltagsstress manchmal nicht loslassen, während andere es schaffen, noch im größten Chaos wie ein Fels in der Brandung zu wirken.

Entscheidend ist, dass wir auch innerlich für Ruhe sorgen. Es gilt, sich Einstellungen zu erarbeiten, die wie innere Ruheoasen und Kraftquellen wirken, auch wenn das Leben um uns herum in vollem Gange ist.

Sich immer wieder klarmachen:
„Wohin Sie Ihre Aufmerksamkeit richten, dahin fließt Ihre Energie."

Roy E. Davis

Was bedeutet, dass wir unseren Fokus auf Ruhe und Entspannung richten müssen, wenn es das ist, was wir erleben wollen.

„Strebe nach Ruhe, aber durch das Gleichgewicht, nicht durch den Stillstand deiner Tätigkeit."

Friedrich von Schiller

„Alle Lebewesen außer den Menschen wissen, dass der Hauptzweck des Lebens darin besteht, es zu genießen."

Samuel Butler

Immer genau jetzt ist der richtige Moment, um das Leben zu genießen.

„Kostbares Leben.
Jede Sekunde Dasein
hat Ewigkeitswert."

Ernst Ferstl

Annehmen und loslassen

„Nichts ist entspannender,
als das anzunehmen, was kommt."

Dalai Lama

Und aus Mexiko stammt ein Sprichwort,
das uns dafür einen hilfreichen Gedanken
schenkt:

„Das Wasser, das du nicht trinken kannst,
lass fließen."

Gelassenheit hat viel damit zu tun, das
loszulassen, was wir nicht ändern können.

Den Sinn erkennen

Tiefen inneren Frieden bringt die Erkenntnis, dass alles seinen Sinn hat.

Nicht hadern mit dem, was einem das Leben serviert, sondern es annehmen und ein intensives Ja fühlen. Und Vertrauen lernen.

„Den nächsten Hinweis, den du benötigst, erhältst du an genau der Stelle, an der du dich befindest."

Ram Dass

Kraftquelle Dankbarkeit

Wie gut es tut, sich umzuschauen und sich klarzumachen, wie reich das eigene Leben ist.

Dankbarkeit ist eine Oase im weit verbreiteten Anspruchsdenken.

„Da wird es hell in unserem Leben,
wo man für das Kleinste danken lernt."

Friedrich von Bodelschwingh

Das eigene Leben zur Oase machen

Erkennen, dass es an einem selbst liegt,
sich das Leben zu erschaffen, wie man es sich
wünscht. Denn das ist die intensivste aller
Kraftquellen: die Freude eines erfüllten
Lebens.

„Das, was wir heute sind, folgt aus den
Gedanken, die wir gestern pflegten; und
unser gegenwärtiges Denken baut unser
Leben, wie es morgen ist. Die Schöpfung
unseres Bewusstseins, das ist unser Leben."

Buddha

Achtsamkeit

Ganz im Hier und Jetzt bleiben.
Genau bei dem, was man gerade tut.

Diese Achtsamkeit ermöglicht uns Balance
und inneren Frieden.

„Konzentration ist einschränkend, auf
einen bestimmten Bereich begrenzt,
während Achtsamkeit grenzenlos ist."

Krishnamurti

Geduld lernen

Ungeduld kostet uns viel Energie. Wer nie abwarten kann, steht ständig unter Strom. Sich klarzumachen, dass manche Dinge einfach ihre Zeit brauchen und dass wir nichts tun können, um die Sache zu beschleunigen, bringt wohltuende Erleichterung.

„Geduld! Keine Windmühe läuft dem Wind nach!"

Unbekannt

Kleine Schritte

Wie wohltuend ist die Erkenntnis, dass die Zukunft immer nur Tag für Tag, Stunde für Stunde, Minute für Minute und Sekunde für Sekunde kommt.

Kein Vorhaben, kein Projekt der Welt muss als Ganzes erledigt werden. Alles können wir in kleinen Schritten tun.

Und zwischen diesen Schritten können wir Pausen einlegen zum Durchatmen.

Sich auch mal helfen lassen

„Wenn ich das allein nicht schaffe, hole ich mir Hilfe." Ein Gedanke, der Zuversicht und innere Ruhe schenken kann.

Keiner muss alles aus eigener Kraft tun. Wer sich das bewusst macht, kann leichter durchatmen und die Welt sieht schon ein Stück anders aus.

Ist es nicht wunderbar, zu wissen, dass es Menschen gibt, die nicht nur zum Helfen bereit sind, sondern die das Helfen gelernt haben?

Innere Ruhe erleben

Es für den Augenblick
niemandem recht machen müssen.
Sich alles zugestehen.
Nichts müssen.
Einfach nur man selbst sein.

Kraftvolle Sätze, die man sich immer wieder
selbst sagen kann:

Ich schaff das.
Alles wird gut.
Aus Fehlern lernt man.
Es kommt, wie es kommt.
Das Leben liebt mich.
Ich gebe mein Bestes.
Ich bin richtig so, wie ich bin.

Erholung ist aus Zeit gemacht – nein sagen zum Stress

Viele von uns verzichten auf Ruhepausen, weil sie glauben, dafür keine Zeit zu haben. Immer auf dem Sprung, versuchen wir, Aufgaben gleich stapelweise zu erledigen und merken dabei gar nicht, wie Lebensqualität und Freude mehr und mehr verloren gehen.

Stress haben wir nicht, sondern wir machen ihn uns. Jeden Tag aufs Neue haben wir die Möglichkeit, nein zum Stress zu sagen und uns stattdessen mehr Zeit für uns selbst zu nehmen.

Zeit haben

„Keine Zeit!" ist heutzutage vielleicht der häufigste Stoßseufzer. Doch: Wir alle haben Zeit.

An jedem Tag hat jeder von uns genau gleich viel, denn das Leben ist aus Zeit gemacht.

Wir müssen uns die Zeit nur nehmen und bewusst entscheiden, wofür wir sie nutzen wollen.

„Zeit, die wir uns nehmen,
ist Zeit, die uns etwas gibt."

Ernst Ferstl

Anhalten und aussteigen

Erst wenn wir innehalten und aus dem sich immer schneller drehenden Hamsterrad aussteigen, das unser Alltag oft genug ist, können wir wieder sehen und hören, riechen, schmecken und fühlen.

Dann erst nehmen wir wieder wirklich wahr. Dann erst leben wir wieder.

„Die Wellen der Zeit
schaukeln die Augenblicke
ans Lebensufer."

Ernst Ferstl

Uhrfrei

Allein sich hin und wieder ein paar Stunden
zu gönnen, in denen nicht der Blick auf die
Uhr unser Tun diktiert, kann wohltuende
Ruhe bringen.

Also ruhig öfter mal die Armbanduhr ablegen,
die Wanduhr verhängen und lernen, ein eigenes Gefühl für Dauer und Zeit zu entwickeln.

Der Irrtum des Zeitsparens

Vieles wird angeboten, was uns Zeit sparen soll – Maschinen, Techniken, Tricks. Und doch hetzen wir immer verzweifelter der Zeit hinterher.

Befreiung davon bringt nur die Erkenntnis: Zeit können wir nicht sparen.

Nur sinnvoll nutzen.

Wirklich wichtig?!

Das Wörtchen „wichtig" ist einer der größten Stressfaktoren überhaupt, denn alles scheint wichtig zu sein: Anrufe und Anfragen, Aufgaben und Projekte, Bitten und Gesuche.

„Wichtig" kann aber auch zu einer höchst wirkungsvollen Kraftquelle werden: dann nämlich, wenn wir uns klarmachen, dass wir selbst wichtig sind.

Entschleunigung

Mal wieder trödeln
und bummeln.
Bewusst langsam sein.
Ganz gegen den Trend.

Und tagträumen,
stundenlang.
Sich ausgiebig Zeit für etwas nehmen,
die Dinge achtsam tun.

Das ist Balsam für die gestresste Seele.

„Die Zeit vergeht nicht schneller als früher,
aber wir laufen eiliger an ihr vorbei."

George Orwell

Und damit das nicht passiert, sich öfter mal
klarmachen:

„Ich habe keine Zeit zu hetzen."

Henry David Thoreau

„Es gibt Wichtigeres im Leben, als beständig dessen Geschwindigkeit zu erhöhen."

Mahatma Gandhi

Wie zum Beispiel:

Zeit finden
— für Begegnungen mit anderen Menschen,
— um mal richtig über sich selbst zu lachen,
— zum Nachdenken und Dazulernen,
— um herauszufinden, was man wirklich will,
— für Gefühle und Empfindungen,
— für das schlichte Sein.

Eine Geschichte über die Schnelligkeit

Ein Spaziergänger ging seines Weges, als von hinten ein Fahrradbote herankam und neben ihm hielt.

Der Bote rief: „Wie weit ist es noch zur nächsten Stadt?"

Der Spaziergänger antwortete:
„Wenn Sie langsam fahren, wird es wohl eine halbe Stunde dauern. Fahren Sie schnell, so dauert es zwei Stunden."

Der Fahrradkurier zog ein ärgerliches Gesicht angesichts dieser unsinnigen Antwort und raste davon.

Der Spaziergänger lief weiter. Nach einer Weile sah er, wie der Bote an einem Wegabschnitt, der hinter einer Biegung lag, sein Fahrrad aus dem Graben hob. Das Vorderrad war verbogen und es würde eine ganze Weile dauern, es zu reparieren.

Als der Spaziergänger nun an dem Boten vorbeilief, sagte er:
„Wie ich schon sagte: Wenn Sie langsam fahren, eine halbe Stunde …"

Zeitgefühl

Viele Menschen klagen darüber, dass die Zeit immer schneller vergehe.

Sie irren sich, denn nicht die Zeit rast, sondern sie selbst tun es. Zeit vergeht immer genau so, wie man lebt: rasend schnell oder sachte und langsam.

„Es blitzt ein Tropfen Morgentau
im Strahl des Sonnenlichts;
ein Tag kann eine Perle sein
und ein Jahrhundert nichts."

Gottfried Keller

Geschenkte Momente

Die rote Ampel, der verspätete Bus, der Notfallpatient vor uns – Wartezeiten verärgern viele Menschen. Dabei können wir sie auch als Geschenk sehen.

Sie bieten uns die Möglichkeit, eine kleine Pause zu machen.

Zeit zum Durchatmen.

„Nimm dir Zeit zu arbeiten – das ist der Preis des Erfolgs.
Nimm dir Zeit zu denken – das ist die Quelle der Macht.
Nimm dir Zeit zu spielen – das ist das Geheimnis der ewigen Jugend.
Nimm dir Zeit zu lesen – das ist die Grundlage der Weisheit.
Nimm dir Zeit, freundlich zu sein – das ist der Weg zum Glück.
Nimm dir Zeit zu träumen – sie bewegt dein Gefährt zu einem Stern.
Nimm dir Zeit zu lieben und geliebt zu werden – das ist das Vorrecht der Götter.
Nimm dir Zeit, dich umzusehen – der Tag ist zu kurz, um selbstsüchtig zu sein.
Nimm dir Zeit zu lachen, das ist die Musik der Seele."

Aus Irland

Die Stille ruft – Seelenfrieden in der Ruhe finden

Wir leben in einer lauten Welt: Straßenlärm, Musik, Fernsehgeräte, Maschinen, elektronische Geräte, Stimmen und und und …

Anscheinend haben wir uns daran so gewöhnt, dass uns gar nicht bewusst ist, in welchem Maße der ständig präsente Lärm eine Dauerreizung darstellt. Ihr können wir uns nur entziehen, wenn wir uns Inseln der Stille schaffen, Oasen der äußeren und vor allem auch der inneren Ruhe.

„Früher brachte der Lärm die Menschen aus der Ruhe. Heutzutage ist es die Stille."

Ernst Ferstl

Tatsächlich kann es ungewohnt sein, einmal ganz bewusst eine stille Stunde zu genießen.

Kein Radio, kein Fernseher, keine Gespräche. Gemeinsames Schweigen oder Ruhe allein – das wirft uns auf uns selbst zurück.

Sorgen Sie hin und wieder genau dafür, denn nach der ersten Unsicherheit können Seele und Körper aufatmen. In der Stille können wir zur Besinnung und zu uns selbst kommen.

In Ruhe träumen

Ein Tipp für alle, die sich fragen, wie sie Ruhe erreichen und vielleicht auch aushalten lernen können:

„Um ruhig zu sein, muss der Mensch nicht denken, sondern träumen."

Johann Jakob Engel

Füllen Sie die Stille mit Ihren Träumen und staunen Sie, wohin diese Sie tragen.

In die Stille reisen

Nicht nur still sein, sondern tief in die Stille reisen. Die Ruhe nicht nur hören, sondern auch fühlen. Stille im Außen wird so zur Stille im Inneren.

Seelenstille.

„Stille ist mehr als eine einfache Pause; sie ist der verzauberte Ort, an dem Raum geschaffen wird, die Zeit stillsteht und selbst der Horizont weiter wird."

Pico Iyer

„In der Stille könnte es geschehen,
dass wir von uns hören."

Anke Maggauer-Kirsche

Und nicht nur das!

„Nur im ruhigen Teich spiegelt sich das Licht
der Sterne."

Chinesisches Sprichwort

Ausruhen

„Wahre Stille ... ist für den Geist, was Schlaf für den Körper ist: Nahrung und Erfrischung."

William Penn

Vorausgesetzt, man lässt sich auf die Stille ein, denn:

„Ruhe ist Glück, wenn sie ein Ausruhen ist."

Ludwig Börne

Erkennen, was wirklich zählt

Lautes drängt sich vor, denn wer am lautesten ruft, fällt auf. Jedoch ist oft nicht das Vordergründige das Wesentliche.

Sich also nicht von all dem Geschrei ablenken lassen, sondern sich hin und wieder zurückziehen, um herauszufinden, was wirklich zählt.

„Die größten Ereignisse – das sind nicht unsere lautesten, sondern unsere stillsten Stunden."

Friedrich Nietzsche

Geräuschreduzierung

Es tut gut, die Geräusche im Außen zu reduzieren – also das Radio einmal ausgeschaltet zu lassen oder in den Wald zu fahren, fernab aller Straßen.

Doch auch innen muss Stille einkehren, sonst geht der Lärm weiter.

„Die größte Offenbarung ist die Stille."

Lao-tse

Stillewunder Ohrenstöpsel

Eine Wohltat für alle, die lärmempfindlich sind: Ohrenstöpsel ermöglichen es, wann immer wir wollen für Ruhe zu sorgen.

Zum Einschlafen,
wenn man sich konzentrieren will,
und auch, um einfach mal nichts hören zu müssen.

Stille im Kopf

Manchmal hilft es nicht, nur den Lärm von draußen zu reduzieren, weil in unserem Kopf Stimmengewirr herrscht: Nörgeln, Fragen, Schimpfen, Bohren, Fordern.

Es kann lohnend sein, Folgendes auszuprobieren: Stellen Sie sich vor Ihrem inneren Auge einen großen Lautstärkeregler vor, den Sie dann langsam auf Null schieben. So können Sie erleben, wie die Stimmen im Kopf verstummen und endlich einmal Ruhe einkehrt.

In Stille lesen

Das Lesen ist für die Stille gemacht.
In Büchern können wir ungeahnte Schätze
für uns entdecken: fantastische Länder,
abenteuerliche Reisen, gefühlvolle Liebe,
spannende Unterhaltung.

Wer in Stille liest, kann ganz eintauchen
in andere Welten und sich inspirieren und
erfüllen lassen.

„Du öffnest die Bücher und sie öffnen dich."

Tschingis Aitmatov

„Tätig ist man immer
mit einem gewissen Lärm.
Wirken geht in der Stille vor sich."

Curt Emmerich

Wo sie besonders nötig sind – Oasen am Arbeitsplatz

Wenn wir etwas leisten müssen, ist es wichtig, über Ruhepole und Kraftquellen zu verfügen, mit denen wir die investierte Energie wieder zurückgewinnen. Nur so bleiben wir dauerhaft leistungsfähig und können unsere Aufgaben frisch und konzentriert erledigen.

Die Zeit, in der wir ausruhen, ist also gut investiert.

Eine Geschichte über die Arbeit

Es war einmal in einem kleinen Fischerdorf. Ein Tourist kam vorbei und sah einen Mann, der seelenruhig am Hafenkai saß und aufs Meer blickte.

Der Tourist ging zu dem Mann und sagte: „Entschuldigung, ich möchte Sie etwas fragen: Warum arbeiten Sie eigentlich nicht? Sie könnten sich z.B. ein Fischerboot kaufen und hinaus aufs Meer fahren."

„Aber warum soll ich denn arbeiten?", fragte der Mann. „Ich habe alles, was ich brauche – genug, um zu leben, und zufrieden bin ich auch."

„Aber wenn Sie arbeiten würden, könnten Sie viel Geld verdienen, das Geld sparen und es gewinnbringend anlegen!", sagte der Tourist.

„Warum", fragte der Mann, „soll ich Geld verdienen und sparen?"

„Wenn Sie gut verdienen, können Sie von den Zinsen leben, und dann brauchen Sie nicht mehr zu arbeiten!"

Der Mann schaute den Touristen an und schüttelte langsam den Kopf. Dann ging sein Blick wieder hinauf auf das Meer.

Nacherzählt nach Heinrich Böll

Um 150 n.Chr. sagte Lukian von Samosata:

„Sechs Stunden sind genug für die Arbeit. Die anderen Stunden sagen zum Menschen: Lebe!"

Offenbar ein Mann, der zu leben verstand …

„Ein ruhiges Tempo spart mehr Kräfte als erschöpfungsbedingte Pausen."

Max Piperek

Machen Sie sich klar, dass Arbeit nicht alles im Leben ist. Nur so können Sie Kraft- und Ruheoasen entdecken und sie für sich nutzen.

„Ich gestehe, dass ich viel auf Müßiggang und Ergötzlichkeiten halte. Arbeit ist ein Mittel zum Zweck unseres Daseins; aber sie ist nicht der Zweck selbst."

Diogenes von Sinope

Pausenzeit

Die Mittagspause einmal nicht in der Kantine verbringen, sondern lieber im Park. Am liebsten natürlich, wenn die Sonne scheint, aber ruhig auch mal, wenn das Wetter nicht ganz so gut ist. Mit einer warmen Jacke auf der Bank die frische Luft genießen und Geist und Seele durchpusten lassen.

„Die Kunst des Ausruhens ist ein Teil der Kunst des Arbeitens."

John Steinbeck

Klug planen

Ein Tipp für die umsichtige Planung von Aufgaben:

„Tu immer genau eine Sache weniger, als du denkst, dass du schaffen würdest."

Bernhard Baruch

Energie-Hingucker

Es tut gut, wenn an unserem Arbeitsplatz immer auch etwas Schönes zu finden ist:

- Ein Foto von einer Landschaft.
- Ein frischer Strauß Blumen.
- Eine Witzpostkarte, die uns schmunzeln lässt.
- Ein Druck eines Gemäldes, das uns besonders gut gefällt.
- Eine lustige Figur, die uns zum Lachen bringt.
- Ein besonders schöner Stein oder eine Muschel aus dem letzten Urlaub.

Wählen Sie Ihre persönlichen Hingucker sorgsam aus und variieren Sie sie ab und zu – das schenkt kleine Glücksoasen im Arbeitsalltag.

Ruhe und Erfüllung können wir auch in der Konzentration finden:

Nicht mehrere Sachen gleichzeitig erledigen, sondern sich ganz auf eine einzige Tätigkeit einlassen und gleichsam mit ihr verschmelzen.

„Denn das ist eben die Eigenschaft der wahren Aufmerksamkeit, dass sie im Augenblick das Nichts zu Allem macht."

Johann Wolfgang von Goethe

Terminsache

Pausen ruhig gezielt als Termine im Kalender notieren – das stellt sicher, dass wir uns für sie auch wirklich Zeit nehmen.

9.00–9.05 Uhr: in den Himmel schauen und an nichts denken;
11.00–11.10 Uhr: eine kleine Meditation;
14.00–14.15 Uhr: eine kleine Fantasiereise an den letzten Urlaubsort, wo ich mich so wohl fühlte;
16.00 Uhr: eine Entspannungsübung für den Nacken;
18.00 Uhr: den Arbeitstag mit einer Tasse Tee ausklingen lassen.

Vielleicht lässt sich das Nachhausekommen mit einem kleinen Spaziergang verbinden? So kann man mit einigen tiefen Atemzügen und kraftvollen Schritten den Arbeitstag hinter sich lassen.

Dann alles, was einen belastet, auf ein Blatt Papier schreiben und dieses dann fortwerfen.

Den Kopf freibekommen und dafür sorgen, dass der Feierabend wirklich arbeitsfrei bleibt.

In Gedanken reisen – mentale Ruheinseln

Die Kraft unserer Gedanken ermöglicht es uns, jederzeit Oasen der Stille aufzusuchen oder Orte, die uns Kraft und Energie schenken.

Wir können uns überall hindenken, wo es uns guttut, wir können auf den Flügeln unserer Gedanken fliegen, wohin auch immer wir wollen. Um dann anschließend frisch und erholt zurückzukehren.

Die Seele baumeln lassen

Nehmen Sie diese schöne Metapher mal so wörtlich wie möglich: Stellen Sie sich bildlich vor, wie Ihre Seele z.B. auf einer Schaukel sitzt und auf und ab schwingt oder wie sie auf dem Ast eines Kirschbaums sitzt und mit den Beinen wackelt oder wie sie wie ein buntes Fähnchen fröhlich im Wind tanzt.

Finden Sie Ihr ganz persönliches Bild für die Entspannung Ihrer Seele und genießen Sie seine Wirkung. Sie können es sich jederzeit vor Augen holen, wann immer Sie eine kleine Pause brauchen.

Oder stellen Sie sich einmal Folgendes vor:

Ganz tief in Ihnen gibt es einen wunderschönen alten Brunnen. In diesem Brunnen ist pure Energie. Klar und nährend. Sie können jederzeit zu diesem Brunnen gehen und dort aus Ihrer Energie schöpfen.

Schließen Sie die Augen und machen Sie sich auf den Weg zu Ihrem inneren Energiebrunnen. Vielleicht finden Sie ihn nicht auf Anhieb, aber es gibt ihn. Vielleicht gut verborgen hinter hohen Hecken oder durch einen kleinen Pavillon geschützt?

Finden Sie es heraus.

Vorratskammer

Sie können sich auch eine Energie-Vorratskammer einrichten: Stellen Sie sich dazu einen kleinen Raum vor, in dem viele Regale stehen. In diesen Regalen finden Sie Kisten und Kartons, Einmachgläser und andere Aufbewahrungsmöglichkeiten. Und in allen wartet etwas Schönes auf Sie:

- Ihr Stolz über einen erreichten Erfolg.
- Die Sonne aus dem letzten Urlaub.
- Die Freude über ein schönes Erlebnis.
- Ihr Übermut aus Ihrer Kindheit.
- Die wohlige Müdigkeit nach einer erbrachten Leistung.
- Das fröhliche Singen der Vögel auf dem letzten Spaziergang.

Kommen Sie, wann immer Sie wollen, hierher.

Drachentraum

„Keinen Drachen kann man so hoch steigen lassen wie den in der Fantasie."

Lauren Bacall

Und warum nicht gleich in Gedanken losrennen auf eine riesige Wiese mit einem bunten Drachen an der Hand und ihn steigen lassen? Höher und höher und immer höher.

Vielleicht kitzelt er die Sonne, damit sie noch mehr lacht.

Wunder der Vorstellung

Blumen kichern hören
und mit ihnen schmunzeln.

Zum Schmetterling werden
und im Nektar Tango tanzen.

Im Sonnenlicht
mit Elfen fliegen.

Träume in den Farben des Regenbogens
zwinkern sehen.

Gefallene Sternschnuppen
am Horizont suchen gehen.

Erleichterung

Wenn das Leben schwer wiegt, dann kann man in seiner Vorstellung große, bunte Luftballons daran knoten und es schweben lassen.

Oder man holt sich eine dicke Wolke vom Himmel, packt die Sorgen darauf und schickt anschließend die Wolke wieder nach oben.

Oder man geht in Gedanken zu einem Bahnhof oder Hafen und gibt alles, was einen bedrückt, als Frachtgut auf eine lange Reise.

Noch ein paar Vorschläge für Bilder, mit denen man sich von Belastendem lösen kann:

Ein Wasserfall, auf dem alles, was uns zu viel ist, einfach in die Tiefe stürzt.

Ein Flugzeug mit einem Transparent am Ende, auf dem das steht, was man loswerden will ... und zuschauen, wie es auf und davon fliegt.

Die belastenden Sachen in der Vorstellung mit Wasser auf einen Weg schreiben und dann zuschauen, wie die Worte langsam von der Sonne getrocknet werden und verschwinden.

Stress wegdenken

Auch gegen Stress können innere Bilder helfen:

Oft fühlt man sich vom Stress regelrecht eingesperrt. Folgerichtig kann man sich vorstellen, wie die dicke Schicht der Anspannung zu bröckeln beginnt wie trockener Kalk. Und spüren, wie sich etwas löst in einem.

Oder Sie sehen den Stress wie einen Mantel – ziehen Sie ihn aus und hängen Sie ihn an die Garderobe.

Aus Grau wird Gold

Das Alltagsgrau einfach hin und wieder mit goldenem Puder bestäuben und über das Glitzern und Funkeln staunen.

„Fantasie ist der Goldglanz, der über dem Dasein liegt und es über das Grau des Alltags erhebt."

Wladimir Lindenberg

Der fliegende Teppich

Stellen Sie sich einmal einen bunt gewebten Teppich vor. Sie entdecken ihn auf einem Trödelmarkt und nehmen ihn mit nach Hause.

Es ist ein magischer Teppich, der Sie überall hinbringen kann. Sie müssen sich nur auf ihn setzen und fest daran glauben – dann erhebt er sich und fliegt mit Ihnen in ein fernes Zauberland.

Das innere All entdecken

Die Augen schließen und sich vorstellen, wie sich vor dem inneren Auge ein ganzes Universum eröffnet. Dort gibt es unzählige Galaxien und Sonnensysteme, die Sterne funkeln und Sie können sich auf endlose Reisen durch die Schwerelosigkeit begeben.

Spüren Sie, wie unendlich groß Ihr Inneres ist und wie viel es dort zu entdecken gibt.

Den Kopf leeren

Sehr wohltuend für alle, die zum Grübeln neigen: Endlich mal den Kopf frei bekommen.

Sich vorstellen, wie man im Geiste zu einem Mülleimer geht und alle unguten Gedanken einfach entsorgt.

Oder die Gedanken wie Badewasser durch einen Abfluss laufen lassen – langsam in Kreisbewegungen, bis alles fort ist.

Oder man schickt seine Grübeleien in ein Schwarzes Loch – dort wird alles einfach aufgesogen: Sorgen, Fragen, quälende Überlegungen.

Über den Dingen stehen

Manchmal zermürbt uns der Alltag mit all seinen kleinen und großen Anforderungen, sodass wir gar nicht mehr wissen, wo uns der Kopf steht. In diesem Fall die Augen schließen und in der Vorstellung ganz hoch hinauf auf den Gipfel eines mächtigen Berges steigen. Sich dort für einen Moment hinsetzen und hinabschauen. Wie winzig alles von hier oben wirkt und wie weit weg.

Tief einatmen, die Stille und den Abstand genießen. Kraft und Ruhe tanken. Dann gestärkt wieder zurückkehren.

Draußen –
Ruhe finden in der Natur

Die Natur bietet unzählige Ruheoasen.

Sie schenkt uns Stille, wenn wir sie brauchen und begeistert uns mit Farben, die unsere Seele beleben. Sie schenkt uns die Luft zum Atmen und verwöhnt unsere Haut mit den Streicheleinheiten des Windes. Sie lässt uns durch die Sonne wärmen und bietet uns weiches Moos zum Daraufliegen.

Wir müssen nur hin und wieder hinausgehen.

Augenweiden

Den Blick über die Landschaft gleiten lassen.

Nichts festhalten, nur schauen.
Loslassen.

Und spüren, wie die Seele entspannt.

„Erst im Wald kam alles zur Ruhe in mir,
meine Seele wurde ausgeglichen und voller
Macht."

Knut Hamsun

Kleine Wolkenpause

Kinder lieben das Spiel, Wolken anzuschauen und zu überlegen, was sie darstellen könnten. Machen Sie genau das ruhig selbst mal wieder. Der Blick in den Himmel weitet den Horizont, und das Spiel der Wolken zu beobachten kann den Kopf herrlich freimachen.

„Man kann einen seligen, seligsten Tag haben, ohne etwas anderes zu brauchen als blauen Himmel und grüne Frühlingserde."

Jean Paul

Draußen-Freuden

Die ersten Schneeglöckchen des Jahres entdecken.

Den Duft von Kirschblüten einatmen.

Dem Rauschen des Windes in den Blättern zuhören.

Nachts die Sterne zählen.

Eiszapfen lutschen.

In eine Pusteblume blasen und die kleinen Samen in die Welt schicken.

Barfuß über eine Wiese laufen.

Einen Luftballon fliegen lassen.

Solarzelle

Egal in welcher Jahreszeit: Wann immer sie scheint, sich für einen Moment in die Sonne legen oder setzen.

Ganz bewusst die wärmenden Strahlen spüren und die Energie regelrecht in sich hineinsaugen.

Sich vorstellen, dass man auf diese Weise wie eine Solarzelle mit neuer Kraft aufgeladen wird.

Sich von Tieren Lebensfreude schenken lassen

Mit einem Hund über eine Wiese tollen.

Den Vögeln beim Singen zuhören.

Einer Katze zusehen, wie sie sich reckt und streckt.

Pferde auf der Weide beim Grasen und Spielen beobachten.

Die Kraniche gen Süden ziehen sehen.

Über bunt schimmernde Käferpanzer staunen.

Den Tanz der Libellen bewundern.

Dem Flug des Bussards zuschauen.

Der Lauf der Dinge

Es hat etwas Beruhigendes, zu wissen, dass die Jahreszeiten einander die Hand reichen und nach dem Winter immer der Frühling folgt.

„Lebe jede Jahreszeit, wie sie kommt. Atme die Luft, trinke, schmecke die Früchte und überlasse dich ihrem Einfluss."

Henry David Thoreau

Jahreszeiten

Im Frühling die Kraft des Wachstums in sich aufsaugen.

Im Sommer die Vielfalt reifer Früchte genießen.

Im Herbst zusammen mit den Bäumen Ballast loslassen und ihn dem Wind schenken.

Im Winter sich zurückziehen und zur Ruhe kommen.

Wetterfreuden

Den kalten Wintertag mit tiefen Atemzügen bestaunen.

Den ersten warmen Frühlingshauch wahrnehmen.

Im Sommerregen duschen.

Zusammen mit den bunten Blättern durch den Herbst tanzen.

Sich dem Wind entgegenstellen und seine Energie aufnehmen.

Wahrnehmen, wie der Schnee den Lärm der Stadt dämpft.

Ein Stück Sonne einpacken

Wenn die Sonne mal wieder richtig lacht,
eine dicke Portion einpacken für dunklere
Zeiten.

„Auch das ist Kunst, ist Gottes Gabe,
aus ein paar sonnenhellen Tagen
sich so viel Licht ins Herz zu tragen,
dass, wenn der Sommer längst verweht,
das Leuchten immer noch besteht."

Johann Wolfgang von Goethe

Baumkraft

Bäume schenken uns eine ganz besondere Energie. Sie strahlen Ruhe und Kraft aus.

Einfach einmal zu einem solchen Baum gehen und sich vor ihn stellen. Spüren, wie man mit beiden Beinen sicher auf der Erde steht, und sich in der Vorstellung fest mit der Erde verwurzeln. Wie der Baum nun Licht, Luft und Wasser aufnehmen. Wachsen und stark sein, ganz stark.

„Unter großen Bäumen ist gut ruhen."

Chinesisches Sprichwort

Auf der grünen Wiese

Auch wenn man vielleicht ein Stückchen
fahren muss: sich eine echte Wiese suchen
und sich für ein Weilchen hineinlegen.
Keinen kurz geschorenen Rasen, sondern
eine saftige Wiese mit Blumen und Kräutern.

„Wie sich's wohl im Grase liegt
bei Kraut und Blumendüften,
wenn über uns ein Vogel fliegt
in goldnen Himmellüften."

Justinus Kerner

Duftoasen

Die Nase in eine Rose stecken und für einen Moment nur noch Duft sein, nichts sonst. Oder ganz in Fliederblüten aufgehen. Oder im Jasmin schwelgen.

„Blumen sind die Liebesgedanken der Natur."

Bettina von Arnim

Abendabschied

Den Tag damit beenden, die Sonne sinken zu sehen. Dankbar sein für das Licht und die Wärme, die sie spendet, und wissen, dass sie morgen wieder aufgehen wird.

„Ein Tag ist vorbei.
Die sinkende Sonne macht
Mut zum Loslassen."

Ernst Ferstl

Gemeinsam statt einsam – Oasen zu zweit, für die Familie und mit anderen

Leben heißt auch, mit anderen leben: mit dem Partner und Kindern, mit Verwandten, Freunden, Bekannten, Kollegen und all den Menschen, mit denen man im Alltag zu tun hat.

Damit wir echte Begegnungen erleben können, müssen wir uns Zeit nehmen, denn auch das Miteinander braucht Ruhe und Aufmerksamkeit. Dann sind die Momente, die wir mit anderen teilen, erfüllend und bereichernd.

Eine Begegnung

Es war einmal ein kleiner Junge, der sich nichts mehr wünschte, als Gott zu treffen. Also packte er seinen Rucksack und machte sich auf den Weg. Er lief lange und wurde müde. In einem kleinen Park setzte er sich auf eine Bank zu einer alten Frau, die dort die Tauben fütterte. Er griff in seinen Rucksack und holte seinen Proviant heraus.
Die alte Frau schaute hungrig, und so bot er ihr einen Schokoriegel an, den sie dankbar annahm.

Zum Dank lächelte sie – und was war das für ein wundervolles Lächeln. Es war so schön, dass er es noch einmal sehen wollte, und so bot er ihr auch eine Limonade an. Die alte Frau nahm das Getränk und lächelte so strahlend, dass dem Jungen ganz warm ums Herz wurde.

Und so verbrachten die beiden den Nachmittag im Park. Schweigend aßen sie die Schokoriegel und tranken die Limonade. Als es dunkel wurde, machte sich der Junge auf, um nach Hause zu gehen – nicht ohne vorher die Frau zu umarmen, wofür er ihr allerallerschönstes Lächeln bekam.

Zu Hause fragte die Mutter den Jungen, warum er so glücklich sei, und er antwortete: „Ich habe mit Gott zu Mittag gegessen – und sie hat ein wundervolles Lächeln!"

Auch die alte Frau war nach Hause gegangen, wo ihr Sohn schon auf sie wartete. Auch er fragte sie, warum sie so fröhlich aussah. Und sie antwortete: „Ich habe mit Gott zu Mittag gegessen – und er ist viel jünger, als ich gedacht habe."

unbekannt

Seelenverwandte und Gleichgesinnte

Es gibt Menschen, die einem so guttun, dass schon ihre bloße Gegenwart eine echte Energiequelle ist. Bei ihnen können wir Ruhe finden und Nähe, ihnen können wir vertrauen. Solche Beziehungen sind kostbar und sollten wie ein großer Schatz achtsam gepflegt werden.

„Herzenswärme ist noch immer die zuverlässigste Energiequelle."

Jean Paul

„Berührungen ermöglichen es den Seelen zweier Menschen, einander zu finden und innere Ruhe zu erleben."

Karen Smith

Streicheleinheiten sind ein Labsal für die Seele. In kleinen Portionen Zärtlichkeit können wir Liebe aufsaugen und weitergeben.

Jede einzelne ist wie ein Kurzurlaub für unsere Sinne.

„Die Kraft der Berührung kann Teufel aus unserem Herzen vertreiben."

Chinesisches Sprichwort

Die Kraft der Liebe

Was die Liebe zu einer der stärksten Kraftquellen in unserem Leben macht, ist das Gesehenwerden. Und dass wir angenommen werden. Dass da ein Ja ist – das Ja eines anderen Menschen zu uns.

So, wie wir sind.

Ein Ja, das uns inneren Frieden schenkt und so zu einer Oase wird.

„Ich will geliebt sein, oder ich will begriffen sein. Das ist eins."

Bettina von Arnim

Und gleichzeitig ist es in der Liebe immer das, was wir selbst geben, das uns nährt und Kraft schenkt.

„Ich will dir einen Liebestrank verraten, ohne Arznei, ohne Heilkräuter, ohne den Zauber irgendeiner Kräuterfee: Wenn du geliebt werden willst, so liebe."

Hekaton von Rhodos

Zauber der Freundschaft

Kraft aus der tiefen Verbindung zu einem anderen Menschen schöpfen, Vertrauen, Nähe und das Gefühl, wirklich angenommen zu sein.

„Das Einmalige an einer Freundschaft ist weder die Hand, die sich einem entgegenstreckt, noch das freundliche Lächeln oder die angenehme Gesellschaft. Das Einmalige an ihr ist die geistige Inspiration, die man erhält, wenn man merkt, dass jemand an einen glaubt."

Ralph Waldo Emerson

Da sein können

Selbst für jemanden da sein zu können,
sich die Zeit nehmen zum Zuhören, Nähe
schenken und Liebe – auch das kann wie
eine nährende Oase sein.

Denn was wir geben, bekommen wir auch
wieder zurück.

Familientreffen

Hin und wieder ganz bewusst Familie sein: Treffpunkte im Alltag finden, zu denen alle zusammenkommen und Zeit miteinander verbringen. Das kann eine gemeinsame Mahlzeit sein oder eine halbe Stunde am runden Tisch, wo jeder kurz von seinem Tag erzählt.

Wichtig ist, dass hier jeder gesehen und wahrgenommen wird und dass alle bereit sind, einander ganz in Ruhe Zeit und Aufmerksamkeit zu schenken.

Zusammen lachen

Mit anderen lacht es sich am besten:

Albern sein.
Kichern.
Gackern.
Auch mal richtig blöd sein.
Sich kugeln, bis man umfällt.

„Jede Minute, die man lacht,
verlängert das Leben um eine Stunde."

Chinesisches Sprichwort

Redezeiten

Ein offenes Ohr zu finden, kann für eine wohltuende kleine Auszeit sorgen.

Eine Freude mit anderen zu teilen, macht sie gleich noch größer. Und jemandem davon erzählen, was einen gerade bedrückt, hilft loszulassen – und gleichzeitig kommt man auch auf manch neue Idee, um das Problem zu lösen.

Zeit mit anderen verbringen

Sich einladen lassen und selbst einladen:

Zum Essen.
Zum gemeinsamen Spiel.
Um sich gegenseitig vorzulesen.
Um zusammen einen Film zu schauen.
Und manchmal auch, um gemeinsam
zu schweigen.

„Das ist der Gastfreundschaft tiefster Sinn,
einander Ruhe zu geben auf dem Weg nach
dem ewigen Zuhause."

Romano Guardini

Gruppengefühl

Es kann rundum guttun, Teil einer Gruppe zu sein. Vielleicht nicht immer, aber hin und wieder ist es schön zu wissen, dass man an einen Ort gehen kann, wo andere sind, die einen willkommen heißen.

So wird das Miteinander zu einer Kraftquelle.

„Nicht als Einzelwesen ist unser Körper lebendig, sondern in der beschwingten Harmonie mit anderen Menschen."

Peter Schellenbaum

Verabredung mit mir selbst – Zeiten der Ruhe ganz für mich allein

Viele Menschen meiden das Alleinsein. Sie fürchten sich vor der Einsamkeit. Tatsächlich aber kann bewusst verbrachte Zeit mit sich selbst zu einer wahren Quelle innerer Ruhe werden. Denn hier können Sie so sein, wie Sie es möchten. Sie müssen auf niemanden achten, es niemandem recht machen.

Sie können auf diese Weise Urlaub nehmen vom Gefallenwollen und tiefen inneren Frieden finden.

Zu sich kommen

Wenn einem alles zu viel wird, hilft es, sich
zurückzuziehen und zu sich zu kommen.

„Im Alleinsein widmen wir uns
aufmerksam unserem Leben,
unseren Erinnerungen,
den Details unserer Umgebung."

Virginia Woolf

Bei sich beginnen

Der Anfang liegt im Selbst.

Der Anfang von Ruhe und Entspannung,
der Anfang von Zufriedenheit und Glück,
der Anfang von etwas Neuem.

Deshalb ist es so wichtig, sich hin und
wieder selbst zu treffen.

„Beginne niemals außer dir,
wenn du deine Welt ordnen willst,
das, was du für deine Welt hältst.
Beginne in dir selbst."

Ola Persson

Sich entdecken

Ganz bewusst mal nichts unternehmen und sich nicht mit anderen Menschen treffen.

Sich stattdessen auf sich selbst einlassen und schauen, was es da zu entdecken gibt.

„Warum suchst du die Freude in der Welt? Könnte es nicht sein, dass sie allein in deinem Herzen wächst?"

Rabindranath Tagore

Freiräume

Die Gesellschaft anderer bringt Impulse und Ablenkungen von außen, auf die wir reagieren. Bleiben diese Reize aus, entstehen ungeahnte Freiräume.

Diese Freiräume können wir nun füllen.

Vielleicht zunächst einfach damit, innezuhalten und zu entspannen. Und danach mit Wünschen und Zielen.

Aus dem Selbst schöpfen

Es ist traurig, dass viele Menschen sich selbst so wenig annehmen und mögen können.

Denn ein „Ja" zu sich selbst ist der direkteste Weg zu innerer Ruhe.

„Die Ruhe der Seele ist ein herrliches Ding und die Freude an sich selbst."

Johann Wolfgang von Goethe

Mit sich selbst ins Reine kommen

Zeit mit sich zu verbringen heißt auch,
sich sich selbst zu stellen. Manches müssen
wir erst mit uns selbst ausmachen, bevor wir
anderen nahekommen können.

Das aber lohnt sich, denn eine harmonische
Beziehung mit uns selbst schenkt innere
Ausgeglichenheit.

„Das höchste Gut ist die Harmonie der Seele
mit sich selbst."

Seneca d. J.

Raum für Gefühle

Das ist das Wohltuende am Alleinsein:
dass man auf nichts und niemanden Rücksicht
nehmen muss. Man kann laut lachen, wenn
einem danach ist, und man kann weinen. Man
kann singen oder schreien, man kann seufzen
oder schweigen.

Im Alleinsein entsteht Raum für Gefühle.

Haben Sie keine Angst davor, sondern
nehmen Sie an, was kommt.

Ein persönliches Fest

Warum nicht einmal ein ganz persönliches Fest feiern? Sich etwas Gutes zu essen zubereiten, ein besonderes Getränk bereitstellen, eine kleine Musikauswahl zusammenstellen und sich schön machen.

Für wen?
Nur für sich selbst!

„Muße ist das Kunststück, sich selbst ein angenehmer Gesellschafter zu sein."

Karl Heinrich Waggerl

Den eigenen Wert erkennen

Die Erkenntnis, dass Sie einzigartig sind, ist wie eine Eintrittskarte zu innerer Balance und Ruhe. Machen Sie sich klar, dass es keinen anderen Menschen gibt, der so ist wie Sie selbst. Dass Sie unverwechselbar sind.

Und wertvoll.

„Jeder Mensch ist ein einmaliger Mensch und tatsächlich, für sich gesehen, das größte Kunstwerk aller Zeiten."

Thomas Bernhard

Spiegelblick

Sich selbst einmal in die Augen schauen.
Nicht prüfend, nicht kritisch, sondern wohlwollend und liebevoll.

Sich selbst wirklich sehen und Freude an sich haben.

Sich selbst ein Lächeln schenken.

„Du kannst nur lernen, dass du das,
was du suchst, schon selber bist.
Alles Lernen ist das Erinnern an etwas,
das längst da ist
und nur auf Entdeckung wartet.
Alles Lernen ist nur das Wegräumen von
Ballast, bis so etwas übrig bleibt
wie eine leuchtende innere Stille.
Bis du merkst, dass du selbst der Ursprung
von Frieden und Liebe bist."

Sokrates

Lob des Nichtstuns – einfach mal nur sein

Die Fähigkeit zum Nichtstun haben viele Menschen verlernt, denn in unserer Zeit scheinen nur Vielbeschäftigte eine Daseinsberechtigung zu haben. Sogar dann, wenn wir Freizeit und Urlaub haben, suchen wir nach Dingen, die wichtig und geschäftig wirken.

Wie schade! Denn im Nichtstun können wir Wunderbares entdecken.

„Es gilt als ausgemacht, dass die Glückseligkeit sich in der Muße findet."

Aristoteles

Eine echte Oase im hektischen Alltag: Muße. Doch sie erlebt man nur, wenn man es wagt, nichts zu tun.

Gar nichts.

„Einen Tag ungestört in Muße zu verleben, heißt einen Tag ein Unsterblicher zu sein."

Chinesisches Sprichwort

Von Rahel Varnhagen stammt der Satz

„Ich lasse das Leben auf mich regnen".

Dieser Äußerung einmal nachspüren.

So etwas kann man nur empfinden, wenn
man den Mut hat, sich nicht abzulenken,
sondern wenn man einfach nur ist.

Süßes Nichtstun

Faul auf dem Sofa liegen oder
sich in den Sessel kuscheln,
für den Moment alle Aufgaben sein lassen
und sich eine Auszeit nehmen,
einfach so.

„Was kann der Mensch denn sonst noch tun?
– Vielleicht mal nichts und einfach ruhn."

Martin Kessel

Und sollte beim Nichtstun ein schlechtes Gewissen auftauchen, einfach an Folgendes denken:

„Die Faulenzer sind die eigentlichen Wohltäter der Menschheit. Denkt daran, wie viel Unheil allein durch Nichtstun verhindert worden ist."

George Mikes

Wachsen

Wir brauchen ziel- und zweckfreie Phasen, damit Neues entstehen kann.

So wie die Natur den Winter hat, in dem alles ruht, so sollten auch wir uns Momente des Nichtstuns gönnen.

In diesen Ruhezeiten sammeln wir die Kraft für neues Wachstum.

Pures Sein

Viele glauben, dass nur das Tun wirkliches Leben ist.

Dabei ist Leben vor allem Sein.

„Selig sind die Stunden des Nichtstuns, denn in ihnen arbeitet unsere Seele."

Egon Friedell

Erholsam ist dabei die Erkenntnis, dass man nicht noch mehr braucht, nicht noch mehr erreichen oder leisten muss. Dass das, was ist, ausreichen kann.

Wofür?

Um glücklich zu sein.

„Das Höchste, was der Mensch besitzen kann,
ist jene Ruhe, jene Heiterkeit,
jener innere Friede,
die durch keine Leidenschaft beunruhigt werden."

Immanuel Kant

Wohlfühlwunder Langeweile

Viele Menschen haben Angst, sich zu langweilen. Folgerichtig sorgen sie dafür, auch in der Freizeit immer genug zu tun zu haben.

Dabei kann Langeweile eine echte Wohltat sein. Sofern sie nicht zum Dauerzustand wird, kann sie eine Insel der Erholung und eine Keimzelle für neue Ideen sein.

„Sie müssen üben, die Langeweile auszuhalten. Denn nach der Langeweile kommt die Muße. Und das ist ein unglaublich schönes Gefühl."

Karlheinz A. Geissler

Meditieren

Bei der Meditation geht es darum, sich selbst und den eigenen Geist zur Ruhe kommen zu lassen. Achtsam zu sein, aber nichts zu wollen, nicht einmal die Entspannung. Nur sein – und das ist manchmal das Schwerste.

„Meditation hat überhaupt nichts mit Bewegung zu tun. Das heißt, der Geist ist absolut still, er bewegt sich in gar keiner Richtung."

Krishnamurti

Lichtbad

Sich ruhig vor eine Kerze setzen und in die Flamme schauen.

Nicht nur für einen Moment, sondern für eine ganze Weile.

Sonst nichts tun. Gar nichts.

Alle Gedanken loslassen.

„Unser eigentliches Vermögen: die Stunden,
in denen wir nichts getrieben haben.
Sie sind es, die uns formen, uns individualisieren, uns unterscheiden."

E. M. Cioran

Glücksoasen – mit Lebensfreude zu innerem Frieden finden

Ein Glücksgefühl ist vielleicht die schönste Kraftquelle, die wir erleben können. Ein so einfaches wie erfüllendes Gefühl, das Zufriedenheit schenkt und herrlich entspannt.

Und das Schönste: Wir können viel tun für unser Glück.

Glückssuche

Viele Glücksritter hasten durch die Welt.
Ständig getrieben von der Sehnsucht,
endlich das wahre Glück zu finden, übersehen
sie, dass sie es nur an einem Ort finden
können: in sich selbst.

„Ein heiteres und angenehmes Leben
kommt nicht von äußeren Dingen;
der Mensch bringt aus seinem Innern,
wie aus einer Quelle, Lust und Freude
in sein Leben."

Plutarch

Einen Entschluss fassen

Glücklich sein ist auch eine Entscheidung: sich einmal hinsetzen und fünf Minuten lang an die Dinge im eigenen Leben denken, die einem Freude und Glück bereiten.

„Die Wunschlosigkeit glücklicher Menschen kommt von der Windstille der Seele, die ihnen das Glück geschenkt hat."

François Herzog von La Rochefoucauld

Glücksgefühle sind wie Energieduschen.
Sie laden unsere inneren Batterien auf
und schenken uns Kraft für das, was wir
vorhaben.

Wichtig dabei ist allerdings, das Glück
aus sich selbst zu schöpfen, denn nur dann ist
es authentisch.

„Glücklich ist nicht,
wer anderen so vorkommt,
sondern wer sich selbst dafür hält."

Seneca

Nicht ständig auf das große Glück warten, sondern Energie aus all den kleinen Alltagswundern schöpfen, die überall hervorblitzen.

„Hundert kleine Freuden sind tausendmal mehr wert als eine große; wie ein sanft herabrauschender Regen tiefer ins Erdreich eindringt als ein Wolkenbruch."

Wilhelm von Keppler

Momente der Freude

Eine leckere Erdbeere ganz bewusst auf der Zunge zergehen lassen.

Ein Kind zum Lachen bringen.

Eine große Portion Zuckerwatte essen.

Hüpfen, statt normal zu laufen.

Singen, auch wenn man es nicht gut kann.

Rückwärts reden, bis die Zunge stolpert.

Dem Partner sagen, wie sehr man ihn liebt.

Sich freuen, dass man lebt – hier und jetzt.

Einfach lächeln

Nicht immer zeigt sich das Glück. Dann
sehnen wir uns nach mehr Lebensfreude.

Man kann das Glück aber auch einladen:

Zum Beispiel mit einem Lächeln.
Denn ein Lächeln ist ein Samenkorn,
das Glücksgefühle wachsen lässt.

„Jedes Mal, wenn ein Mensch lacht,
fügt er seinem Leben ein paar Tage hinzu."

Curzio Malaparte

Kinderspaß für Erwachsene

Mal wieder Kind sein lockt die Lebensfreude hervor:

Auf einer Schaukel in den Himmel schwingen.

Seifenblasen machen.

Einen Hula-Hoop-Reifen kreisen lassen.

Comics lesen.

Brausepulver bis in die Nase kribbeln lassen.

In einem Spielzeugladen auf Entdeckungsreise gehen.

In Bilderbüchern blättern.

Gummi-Twist spielen.

Spielend ins Glück

Nicht nur Kinder genießen das Spiel –
auch wir können beim Spielen wunderbar
entspannen und neue Energien finden.

Einfach mal wieder zur Spielkiste greifen
oder sich selbst etwas ausdenken.

„Es sind die Spiele, in denen unser Geist sein
Paradies findet."

Robert Lynd

Manchmal auch etwas wagen

Auch ein kleines Abenteuer kann ungeahnt zur Kraftquelle werden – trauen Sie sich doch mal etwas, worauf Sie nicht ohne weiteres gekommen wären:

- Etwas ganz Neues lernen.
- Allein ins Ausland reisen.
- Einen Fallschirmsprung wagen.
- Ein Kleidungsstück in einer ganz neuen Farbe kaufen.

Veränderung kann ungemein beleben.

Mutig sein

Veränderungen bedürfen einer dicken Portion Mut, für den man dann aber auch reich belohnt wird: mit neuen Erlebnissen und Erfahrungen und mit dem guten Gefühl, etwas Neues bewältigt zu haben.

„Mut, das ist ganz sicher, gehört am notwendigsten von allen menschlichen Eigenschaften zum Glück."

Johann Heinrich Pestalozzi

Spaß am eigenen Leben

Zufriedenheit entsteht, wenn wir unser Leben führen und nicht das eines anderen Menschen. Sich lösen von Erwartungen oder Anforderungen macht frei für die eigene Kraft und Energie.

„Das Dasein ist köstlich, man muss nur den Mut haben, sein eigenes Leben zu führen."

Giacomo Girolamo Casanova

Ruheoasen aufsuchen –
Orte, die einfach guttun

Orte, an denen man Ruhe findet, gibt es überall. Man muss nur manchmal etwas gezielter danach suchen – in der eigenen Umgebung und vielleicht auch mal in der Ferne.

Achten Sie einmal bewusst darauf, wo sich Wohlfühlplätze verstecken.

Einen Rückzugsort schaffen

Es tut gut, einen Ort ganz für sich allein zu haben.

Wenn möglich, ein eigenes Zimmer, und wenn das nicht geht, wenigstens eine abgetrennte Ecke eines Raumes. Oder vielleicht auch nur einen eigenen Sessel.

Auf jeden Fall etwas, das für einen ganz persönlich reserviert ist.

Gemütlichkeitsfaktor

Einmal durch die Wohnung gehen und schauen, wie gemütlich es eigentlich in den eigenen vier Wänden ist. Wenn Sie sich ein Zuhause schaffen, in dem Sie sich richtig wohl fühlen, wird es zu einem Nest werden, in dem Sie Geborgenheit und Erholung finden.

Schauen Sie, wovon Sie sich vielleicht trennen möchten, ob Sie etwas umräumen wollen und wie sich vielleicht auch schon mit kleinen Mitteln noch mehr Gemütlichkeit schaffen lässt.

Wellnessorte

Die Klassiker für alle Gestressten und Erholungssuchenden:

Die kleine Sauna in der Nähe.

Die Massagepraxis, in der geübte Hände darauf warten, den Körper zu verwöhnen.

Die exklusive Wellnesslandschaft mit allem Drum und Dran.

Die Therme, die mit wohlig-warmem Wasser lockt.

Der Hamam, der exotisches Wellnessflair schenkt.

Zwei, drei Stunden dort wirken wie ein Kurzurlaub.

Gartenoase

Den eigenen Garten oder auch den Balkon zur Kraftquelle machen:

Eine gemütliche Bank mit einladenden Kissen aufstellen.

Eine Sitzmöglichkeit unter der großen Kastanie schaffen.

Einen Duftgarten mit Kräutern und Blumen anlegen.

Etwas zum Naschen: Beerensträucher und Spalierobst anpflanzen.

Windspiele aufhängen, die das innere Kind erfreuen.

Eine Sitzmöglichkeit herrichten, die man auch im Sommerregen nutzen kann.

Ruheplätze inmitten hektischer Großstädte finden:

Das kleine Café in der Seitenstraße mit dem Rosengarten.

Die Buchhandlung, in der es die gemütlichen Sessel gibt.

Die alte Kirche mit den dicken Mauern und den vielfarbigen Glasfenstern.

Die Bibliothek, die Ruhe und unendlich viel Lesestoff bietet.

Das Gewächshaus im botanischen Garten, das auch im Winter Sommerwärme schenkt.

Der kleine Markt mit den bunten Ständen.

Hängemattenlust

Es gibt kaum etwas, das mehr entspannt,
als wohlig in einer Hängematte zu schaukeln.
Am besten in der Sonne unter Bäumen,
durch deren Laub eine leichte Brise weht …

Wer keinen Garten hat, kann überlegen, eine
Hängematte in der Wohnung aufzuhängen –
auch das ermöglicht herrliche Mußestunden
mit Urlaubsatmosphäre.

Oder Sie schließen die Augen und denken
sich in die Hängematte auf einer wundervollen Insel mit perfektem Wetter. Atmen Sie
tief im Rhythmus der Schaukelbewegungen
aus und ein und kommen Sie mit frischen
Energien zurück.

Bahn fahren

Zum nächsten Bahnhof gehen, danach fragen, was im Umkreis von z.B. einer oder zwei Stunden erreichbar ist, ein Ticket kaufen, sich etwas Leckeres zu essen besorgen und auch Musik oder ein Hörbuch mitnehmen.

Und dann einsteigen und losfahren.

Die vorbeiziehende Landschaft anschauen, die Gedanken schweifen lassen und die kleine Flucht von ganzem Herzen genießen.

Kurzurlaub für eine Nacht

Wenn einem die Decke auf den Kopf fällt oder man in den eigenen vier Wänden einfach nicht zur Ruhe kommt, kann es guttun, einmal eine Nacht woanders zu verbringen.

Vielleicht bei einer Freundin oder einem Freund? Oder in einem Hotel in der eigenen Stadt – am besten einem, in dem sich auch ein kleines Wellnesspaket buchen lässt.

Abgeschiedenheit suchen

Vielleicht auch einmal ganz bewusst einen Ort aufsuchen, der abseits der großen Wege liegt und an dem wir Stille und Abgeschiedenheit erleben können:

Eine einsame Berghütte,
ein Anwesen auf dem Land,
eine kleine Insel,
ein Kloster.

Sich zurückziehen vom Trubel, um Ruhe zu finden und Zeit mit sich allein zu verbringen.

Die Langsamkeit entdecken

Auch das Reisen selbst kann zur Ruheoase werden. Das ist möglich, wenn man nicht immer nur das Flugzeug oder das Auto als Fortbewegungsmittel wählt. Mit ihnen kommt man zwar schneller an, aber nicht immer auch schneller zum Ziel, also zu Entspannung, Besinnung und Erholung.

Wie wäre es also mit einer Wanderung?
Einer Fahrt auf einem Hausboot?
Einer längeren Tour mit dem Fahrrad?

Wer langsam reist, ermöglicht es der Seele, Schritt zu halten.

Eine indische Geschichte

Es war einmal ein Europäer, der eine Expedition zum Himalaja unternahm. Zu seiner Unterstützung hatte er eine Gruppe indischer Träger angeheuert.

Der Mann wollte schnell an sein Ziel kommen und lief mit großen Schritten voraus. Doch nach einer Weile blieben die indischen Träger einfach auf dem Boden sitzen.
Sie schwiegen und ihr Blick war zu Boden gerichtet.

Da forderte der Europäer die Männer auf, weiterzugehen. Doch sie schauten ihn verwundert an. Schließlich sagte einer: „Wir können nicht weitergehen. Wir müssen warten, bis unsere Seelen nachgekommen sind."

Ans Wasser fahren

Wasser hat seine ganz eigene Energie.
Das Rauschen der Wellen des Meeres,
die ruhige Oberfläche eines klaren Bergsees,
das stetige Dahingleiten eines Flusses.

Mit dem Blick aufs Wasser können wir
loslassen lernen.

„Die Zeit ist gekommen, da wir die Kraft des
Wassers haben und einfach dahinfließen ...
Stillstehen bedeutet: bedrängt zu werden.
Dahinfließen bedeutet: neue Energien auf-
nehmen."

Marge Piercy

In Gedanken reisen ...

Den Atlas aufschlagen oder den Gobus kreisen lassen, mit dem Finger blind auf ein Land tippen und dort dann in Gedanken hinreisen. Die Augen schließen – und los geht's in ein sinnliches Vergnügen:

Wie sieht es dort aus?
Wie riecht es da?
Was ist zu hören?
Wie warm oder kalt ist es?
Was gibt es dort zu essen?

Sich auf diese Weise eine Auszeit nehmen – kostenlose Reisen zu den Oasen dieser Welt.

Und sich doch über eines immer im Klaren sein:

„Wenn man seine Ruhe nicht in sich findet, ist es zwecklos, sie andernorts zu suchen."

François Herzog von La Rochefoucauld

Und noch eine Geschichte zum Schluss

Es war einmal eine wundervolle Oase.
Sie grünte in einer Pracht, die schöner kaum sein konnte. Doch eines Tages blickte die Oase um sich und sah nichts als die Wüste ringsherum. Vergebens suchte sie nach ihresgleichen und wurde ganz traurig.

Laut begann sie zu klagen: „Ich unglückliche, einsame Oase! Nirgends meinesgleichen. Nirgends ist jemand, der Freude an mir und meiner Pracht hat. Da ist nichts als die traurige, sandige, felsige, leblose Wüste. Was helfen mir hier in meiner Verlassenheit all meine Vorzüge und Reichtümer?"

Da sprach die alte und weise Mutter Wüste:

„Mein Kind: Und was wäre, wenn es denn anders wäre und nicht ich – die traurige, dürre Wüste – dich umgäbe, sondern wenn alles um dich herum blühend, grün und prachtvoll wäre? Dann wärst du keine Oase. Du wärst kein Ort, von dem sich auch in der Ferne die Wanderer rühmend erzählen. Du bliebest unbemerkt. Darum also ertrage in Geduld, was die Bedingung deiner Auszeichnung und deines Ruhmes ist!"

Nach Arthur Schopenhauer

In diesem Buch finden Sie meine ganz persönliche Auswahl wohltuender Oasen, in denen wir Ruhe, Kraft und Energie finden können. Vielleicht haben Sie eigene? Dann freue ich mich darauf, sie kennen zu lernen. Sie können mir gerne schreiben:

Tania Konnerth
Bei der Schule 1
29575 Altenmedingen OT Bohndorf

E-Mail: tk@taniakonnerth.de

Mehr von mir finden Sie auch im Internet unter:
www.taniakonnerth.de

Die Quellen der Zitate habe ich mit großer Sorgfalt recherchiert. Dennoch sind Fehler leider nicht ganz auszuschließen. Sollten Sie andere als die von mir angegebenen Autorenangaben haben, freue ich mich ebenfalls, von Ihnen zu hören.

Kleine Glücksmoment

Ulrich Sander
Eine Stunde Glück
für jeden Tag
144 Seiten
Paperback
978-3-451-07166-9

Anton Lichtenauer
Kleines Lob
der Freundschaft
192 Seiten
Paperback
978-3-451-06645-0

Anselm Grün
Zur inneren
Balance finden
224 Seiten
Paperback
978-3-451-06644-

In jeder Buchhandlung

HERDER
Lesen ist Leben